Roswitha Borrmann

Traumsekunden

Originalausgabe 2007
2. veränderte Auflage 2015

Alle Rechte vorbehalten.

Herstellung und Verlag: BoD - Books on
Demand, Norderstedt

© 2015 Texte: Roswitha Borrmann

Umschlaggestaltung: Meike Möhle
Titelbild: Himmel über Sylt

ISBN: 9783837010336

Roswitha Borrmann

Traumsekunden

Lyrische Gedanken

Inhaltsverzeichnis

Texte von Roswitha Borrmann

Traumsekunden

Wer kennt sie nicht, diese Augenblicke zwischen Traum und Wirklichkeit, wenn sich die Seele zu Wort meldet und uns spüren lässt, dass sie nicht glatt, sondern voller Spuren ist. Narben von alten Verletzungen, schillernd bunte Erinnerungen aus glücklichen Tagen – Flächen und Fugen ziehen sich über unser Innerstes, schicken unsere Gedanken auf die Reise. Diese kurzen Momente des Nachdenkens verwendet Roswitha Borrmann als Themen für ihre Gedichte. Mal vertraut und griffig, dann wieder nur angedeutet und verschlüsselt. Ob Traum oder Alptraum, immer steckt etwas hinter den sparsamen Worten, die sie für ihre Lyrik verwendet. Als kleine Geschichten, die vertraut klingen. Dann wieder als japanischer Haiku, mit dem in drei kurzen Zeilen Impressionen wiedergegeben werden – winzig nur, aber doch gewaltig.

Gedichte ohne Reim, Lyrik ohne Versmaß – die Traumsekunden sind sicherlich keine Alltagslektüre. Nehmen Sie sich Zeit dafür, denn ein paar gute Worte, genussvoll gelesen, können die Gedanken eines ganzen Tages bereichern.

Meike Möhle

Ich

zwischenzeit

zwischen

hoffen und bangen
ahnen und wissen
anfang und ende
dir und mir
wort und tat
rechts und links
freude und frust
recht und gesetz
frage und antwort
himmel und erde
sonne und schatten
liebe und pflicht
früher und später

lebe ich

ich bin

Frage und Antwort
Suche und Fund
Start und Ziel
Traum und Wirklichkeit
leicht und schwer
Fluch und Freude
dumm und wissend
schwach und stark
Mutter und Kind
unendlich und sterblich

Profil

in der Anonymität der Großstadt
schärft sich mein Profil
Fremde in der U-Bahn
jeder mit eigenem Ziel

keiner fragt mich
laute Ruhe
hier nun fühle ich
mich als Insel

ich erlebe meine Tiefe
ungestört
als ob ich schliefe
mitten im Betrieb

und wenn ich meinen Sitz verlasse
bin ich vergessen
graue Masse

Unterwegs

mein Motorrad

früh am Morgen
wenn der Tag noch kommt

Strecke machen
Bewegung
Entfernung erfahren
Distanz

ich bin bei mir
nur bei mir

Teil der Schöpfung
die mich umfängt
hält

unterwegs

Versunken

durchfahre ich
die Landschaft

folge
der Linie
am Horizont

suche deine Wege
möchte bei dir sein
und schweigen

Du

Gefunden

In den kühnsten Träumen
hab ich dich erahnt
nun wag ich nicht zu atmen

Zartes das sich langsam bahnt
trägt federleises Hoffen
in jeden noch so kleinen Raum

jenseits der Gedanken

Zauberhaft

deine Stimme coloriert
die Welt
in nie gekannten Farben

Dein Lachen

perlt in meine Träume
liebkost meinen Quellcode
bettet ihn auf Rosen

schmerzliche wahrheit

verloren
stehe ich
am bahnsteig
überlasse das lächeln
den tränen

unerkannt
ließ ich dich gehen

Du

Geborgenheit
in einem Raum
voller Drachenbilder
und Blütenträume

Nestwärme

verwoben

du bist verwoben
mit meiner seele
ziehst an mir
zerrst
und stichst

deine hoffnungen
sind
offene räume

deine angst spiegelt mich klein

Dein Elfenbeinturm

strahlend schön
reizvoll
steht er vor mir und wirft einen Schatten auf mich

er wirkt kalt
glatt
doch seine Mauern sind von der Sonne gewärmt

innen ist es kühl
dunkel
fragend rufe ich von der Schwelle aus nach dir

ein Echo
hohl
von weit oben klingt deine Stimme verzerrt

unkenntlich

Danach

Regentropfen auf deiner Brille
Wehmut in meinem Herzen
Winterwärme

Erinnerung
an Sommerblüten

Herzmelodie

Dämmermorgen

Langsam
kriecht der Schmerz
zurück

aus meinen Träumen
heraus
vermisse ich
die Geborgenheit
deiner Nähe

warum so früh?

Dein Anblick rührt mich
umgekehrte Welt
ich füttere dich
richte dein Bett
möchte dich in den Garten tragen
dir die Azaleen zu zeigen
und den Flieder

Muttertagsflieder

soldier

you'll leave now
bring all these miles
between us
to fight for human rights

don't fear lonely nights

every little star
that twinkles in the sky
will whisper
tender thoughts from me

whenever you look above
you may feel home

you remind me of love

talking heartbound
whispering nonsens
laughing about yesterday
believing in tomorrow

versunkenes

findet seinen weg
meißelt
an ängsten und groll
entblößt
die liebe

hier
an deinem grab

Er

Armer Bajazzo

Rampenlicht blendet
deine suchenden Augen

Sehnsucht nach Nähe
verhungert
auf dem Weg
ins Auditorium

unkenntlich
deine Bewunderer
Fragen ersticken dich

nach verklungenem Applaus
wartet die Einsamkeit
mühsam bedeckt
von erinnertem Licht

Rückblick

Zwischen Gedanken
Erinnerungen
Farben und Formen
schimmert ein Juwel

Liebe
die verwehte
unaufhaltsam
machtlos
wie Herbstlaub im Wind

An den Mond

Mond, ich bewundere dich
immer wieder
zeigst du kraftvoll dich
am Firmament

musst dennoch wieder weichen
woher die Kraft
die Zuversicht
den immer selben Weg zu gehen
um gar nichts zu erreichen

jedoch -
du schenkst uns die Gezeiten
Erneuerung und Wiederkehr
Geborgenheit im Jahreslauf
und Träume in deinen Weiten

du bist nicht frei
nicht schwerelos
gesteuert wird dein Lauf

und so sehr ich vertraue
dich wiederzusehen
so bau ich darauf
mit all den Kräften
die mich lenken
auch immer wieder
aufzustehen

Der andere Achilles
(in Hollywood)

gekämpft für Ruhm und Ehre
gefallen auf dem Feld der Liebe

auf dem Schlachtfeld
gefürchteter
Feind
geachteter
Führer
bewunderter
Held

immerwährende
Suche
Quelle der
Unsterblichkeit
überwindet
Mauern und
Gräben

lächelt dem
Fährmann
ins Jenseits
noch zu

Freitag

Anders
die Welt
sieht anders aus
heute ist mein Tag

Wochenendliebe

Sie

wüste

ernüchtert
klarer blick
nach dem rosarot
vernebelten schauens

wirklichkeit
entpuppt sich
als wüste

sanft hügelig
ohne ende
kein halt

orientierungslos

Fragen

Ist die Ewigkeit grenzenlos?

Fließt sie am Horizont entlang?

Kann ich sie dort erreichen
wenn ich todesmutig
grenzenlos werde?

alte liebe

aufgeweicht
von neuer suche
erscheinen
fragmente
jugendlichen aufbruchs
blitzen
scherben
zersplitterter bestimmung
vergilben
zerlesene manuskripte
nie gefühlter rollen

Eine Nacht

Die Minuten
tropfen
in meine Schlaflosigkeit

im Takt
des Sekundenzeigers
stirbt das Gestern
lange bevor
das Heute an Kraft gewinnt

auf der Hängebrücke zwischen
Vergessen und Neubeginn
wartet irgendwo
ein Ruhepunkt
auf mich

Weihnachten und du bist fern

Ein Abend ohne Bombenalarm
als hätte die Welt
den Krieg vergessen

Schnee bedeckt die Wunden
in den Häuserreihen
auf dem Weg zur Kirche

der Pfarrer
spendet Trost
aus dem Nichts
der Ewigkeit

langsam erreicht mich die Stille

für Katharina Beeck
als Erinnerung an Weihnachten 1944

Es

Tor der Träume

Frei sein wollt' ich
reisen, wählen
alles denken, fragen, lesen
und nun steh' ich hier
unter der Quadriga

ernüchtert

von Ost nach West
bin ich gegangen
ohne Grenze, Pass und Angst
weltpolitische Wende
und für mich - vereinte Heimat?

Vieles ist mir fremd

sagen darf ich endlich alles
doch es interessiert kein Schwein
und so dämmert mir
Heimat ist vertraute Nähe
ohne Worte

fühle mich allein

Schreiben

Ausdruck
eines Eindrucks
Seelenbild
in Worten -
mein Spiegel

Am Meer

sturmgepeitscht

Gedanken fließen
wehen davon
machen mich leer

zaghaft
entpuppt sich
ein Pflänzchen
im nichterfüllten Raum

Zurück

Leise schleicht
sich Alltag
in die Leere
frisst Raum
lähmt die Ruhe
und später
auch
die Gedanken

Strandgut nach der großen Flut

Mein Lieblingsbuch
ich hatte es auf dem Nachttisch liegen

Frühstücksgeschirr
wir konnten es nicht mehr abräumen

Meine Kinderfotos
sie waren im Keller
in der Schachtel

Mein Leben

Gestrandet

Wir

Traumhaft

Sind wir uns wirklich je begegnet
oder war es stets ein Traum?

Mein Wunschbild trifft das Deine
fernab von Zeit und Raum?

Dein Bild ist mir zerflossen
hinein in Zeit und Raum

was Liebster wird nun bleiben?
Es war ein schöner Traum!

Es ist alles noch da

unter der Oberfläche

findet seinen Weg nicht
zu dir

du bist so nah

schwer, dich nicht zu berühren
dich nicht zu spüren
tut fast weh

dennoch halte ich mich fest

Ungesagtes
Nichtgefragtes
trennen mich von dir

wortlose Mauer

wo?

hab ich dich verloren
auf unserem weg
wann hielt die angst
mich gefangen
und ließ mich
zurück
hinter unseren träumen

Grenzenlos

mein Universum
es beginnt
und endet
bei dir

Manchmal

kann ich nichts mehr tun
nur warten

warten, dass dein Mund sich öffnet
Blubberblasen freigibt
die mich sanft umschmeicheln

bis sie mir
wie bunte Zauberkugeln
ins Gesicht hinein zerspringen

leere Hülsen
Seifenschaum
zerplatzt wie Träume vom Fliegen
klebrig gelandet

Ich stricke Gefühlsbuchstaben

zu Worten
schicke sie
in deine Richtung

tastend
betreten Sie
den Zwischenraum
werden sie zur Brücke?

Von meiner Uferlosigkeit
zu einer Schleuse?
Heben mich?
Machen die Kaimauer deines Seins
erreichbar?

Motorrad-Treffen MGML

Wenn Bilder
Gedanken und Worte
mich von innen
umarmen
dann hat mich
die Fülle des Lebens
geimpft

Dann wird die Zeit
meine Erinnerungen
bewahren
wie Blütenblätter
im Poesiealbum meines Seins

Unvergänglich

Ihr

3. Juni 1998 – Eschede

Ihr Gedicht

Wunder der Technik
Schienengebunden

Rasend schnell
Unbeirrt

Inferno
Verbogener Stahl
Geborstenes Glas
Schreie
Blut und Tränen

Aus der Traum

Schock

Mein Telefon
Er blieb verschont
Schicksal ...

Sein Gedicht

ICE 884, Wilhelm Conrad Röntgen,
Wagen 14, 1. Klasse,
Raucher, Sitz 51,
3.Juni 1998

Es war mein Platz.
Dort träumte ich
Mich durch das Land.
Dort schlief ich
Unruhig
Selig
Enttäuscht
Hoffnungsvoll.

Es war mein Platz.
Dort schrieb ich
Meine Bücher.
Dort entwarf ich
Meine Reden
Engagiert
Voller Witz
Besinnlich
Vergänglich.

Es war mein Platz.
Heute starb
Ein anderer
Dort.

Was es ist

Himmelsstürme
Abgrundgefühle
Herzfeuer

Wispernde Nachtgedanken
ein zarter Kuss
Verschmelzen
ungebremste Nähe
tastende Distanz

Grenzenlos

Weit hinaus schwimmen
kein Ufer mehr sehen
die Gewissheit
anzukommen

Urvertrauen
Geborgenheit
Sinn

Sie

Haiku

I.

Meeresrauschen, Gischt
Sonnenschein auf Strandburgen
Muscheln freigespült

II.

Der Horizont rot
Tau verzaubert die Wiese
Licht streift den Waldsaum

III.

Ein Vogel segelt
Wind durchfährt die Baumkrone
Ein Blatt sucht den Weg

IV.

Wasser ungebremst
kraftvoll strömender Flusslauf
erfüllt die Landschaft

11.September 2001

Wieder einmal

Wenn blanker Hass
den Krieg erklärt
kann kein Gedanke trösten
jedes Wort versagt
wenn Tränen
keine Wege finden
Gefühle ziellos bangen
hält die Welt den Atem an

Erschütterung
in Schutt und Asche
ist Hoffnung
zu Staub zerfallen
wieder einmal

12. September 2001

Fluchtweg

Fußabdrücke im Staub
die Ränder verweht
Blaulichtreigen zeichnet die Konturen

Spuren des Entsetzens
verloren
zwischen Schutt und Rauch

13.September 2001

Staubiger Nebel
Verhüllt glutrote Sonne
Hinter Ruinen

Adventsmarkt- und Weihnachtsimpressionen

Eisblumenschleierkrautverzierung
Schlittenkufenspurgemälde
Adventsengelhaargummi
Glühweinglitzerlächeln
Lichterglanzzuckerwatteduft
Tannenbaumkerzenmusik
Gänsebratensaucensee
Drehorgelmusikfest
Bratwurstschneegestöber
Karussellpferdeschwanz
Nikolausmantelknopf
Wattezuckerkrümel
Mandelsplitterbomben

Kriegslärmvergessen

Entfesselt

Atemloses Stolpern
Dunkelheit
Scheinwerfer am Turm
fern und doch zu nah

Rufe
Hundegebell
Sträucher peitschen
Stein im Schuh
schneller

Gnadenlose Suche
ein Schuss
verweht

Stacheldraht

Sie verlassen den russischen Sektor

Umstände

Umstände haben begünstigt
Umstände haben geformt
Umstände haben gefordert
Umstände haben gebremst
Umstände haben behindert
Umstände haben verändert
Umstände haben gefesselt
Umstände haben verschlungen
Umstände haben verhindert
Umstände haben entfremdet
Umstände haben gewonnen

Umstände haben uns verbunden
Umstände haben uns getrennt

Unter Umständen möchte ich dich wiedersehen

Unterwegs im Advent

Mein Zug dampft
durch eine Schneelandschaft

Kerzenschimmer
in Fenstern
huscht vorbei

Menschen hasten
im Bahnhof

Vorfreude
auf das
Ende der Geschäftigkeit

Der rote Hahn

Auf den Wogen des Windes
gleitet er durch die Straßen
frisst sich ins Fleisch der Häuser
getrieben von Gier

Irrlichtert ungebremst
hinterlässt eine Spur
der Vernichtung
im Leben der Menschen
dem Antlitz der Stadt

Wassersäulen bremsen ihn
für den Moment
mit listigem Schwung
entgeht er ihnen
treibt weiter
sein höllisches Spektakel

Spielt mit den Ängsten
der Menschen
blinzelt in ihren Augen
knistert eine Melodie
als Begleitung in die Ewigkeit

Legt sich ins gemachte Nest
verströmt seinen
vernichtenden Atem
ins Gebein der Mauern

Trostloses Bett
für einen grausamen Spuk

Zum Gedenken an die Bombennacht von Dresden
am 13. Februar 1945

wellenwörter
kommen
gehen
überspülen den strand
ziehen mit dem wind
branden
rauschen
lärmen
flüstern
eine möwe
scheißt drauf
die nächste woge
wäscht sie rein

Seelenfugen

Fugen sind gewachsene oder belassene Räume zwischen angrenzenden, gleichen oder unterschiedlichen Einheiten.

Unsere Seelen sind zeitlebens Spannungen und Gezeitenwechsel ausgesetzt, somit vermute ich auch in dieser empfindlichen Struktur kleinere und größere gefüllte oder auf immer offene Risse, Sprünge und nicht ganz nahtlose Übergänge. Trennungen, Schmerz, Verluste, Schläge, Lügen, verlorene Hoffnungen, unerfüllte Sehnsüchte, Abschiede, Enttäuschungen, Ernüchterungen, Ängste ...

Loslassen, Liebe, ein Sonnenstrahl, der Sternenhimmel, ein Regenbogen, ein liebes Wort, eine Umarmung, ein Gruß, ein Streicheln, ein Händedruck, ein Gebet können die schmerzhaften Lücken füllen und neue Einheiten entstehen lassen.

Dieses Buch ist allen gewidmet, die mir ihre Fugen sichtbar gemacht haben und mir bei meinen geholfen haben.

Roswitha Borrmann
im November 2015